EL IDIOMA DE LAS LUCES

J. AMADA HERNÁNDEZ

snow fountain press

• • • • • ● • • • •

El idioma de las luces
J. Amada Hernández

Primera Edición, 2017
© Hispanic Heritage LIterature Organization
Mi Libro Hispano

ISBN-13: 978-0-9981999-4-8

© Snow Fountain Press
25 SE 2nd. Avenue, Suite 316
Miami, FL 33131
www.snowfountainpress.com

Diagramación editorial y diseño de portada:
Alynor Díaz / Snow Fountain Press

Fotografía interna y de portada:
Eduardo Esclasans

••••●••••

Para mis padres, Ana y Manuel.

Índice

•.uno.•
LAS ASTILLAS DEL GRITO
15

•.dos.•
EL IDIOMA DE LAS LUCES
41

·tres·
ENCIMA DE LA NADA
71

•••••●•••••

•••●●●•••

El idioma de las luces

Miserable momento si no es canto.
Claudio Rodríguez

Oh, ciudad invisible como una herida en el alma,
como la estela del silencio tocando las puertas,
como el peligro de estar vivo que al final es transitorio.
Carlos A. Díaz Barrios

uno

LAS ASTILLAS DEL GRITO

Tú me distingues, y soy eso
que se organiza como un ruido.
Ángel Escobar

El ombligo

Regresar al lugar
donde la carne se fermenta para volverse cuerpo,
donde nace la herida,
donde cada cual se detiene a fabricar su sombra.

Regresar al origen no para entender el viaje
sino para evitar que el regreso venga por nosotros.

J. Amada Hernández

Provisiones para emprender el vuelo

Mi brazo:
el ala imperfecta que me detiene antes del vuelo.

La mirada alza el vuelo
porque no tiene brazos ni piernas que la aten.
Yo no soy ojo.
Soy un cuerpo con ojos.
Y mi mirada es ciega como el ala de un pájaro.

Disparo

La muerte siempre esconde un arma en el paisaje
y a veces te pide que jales del gatillo.

Pero no es tan fácil el perdón,
y uno cuando dispara ha perdonado todo,
incluso haber vivido.

J. Amada Hernández

El secreto de la extinción

Vio morir,
mi sombra,
al último colibrí.

A la única ave capaz de volar hacia atrás,
de ir tan lejos como el pasado.
Suave misterio.

Días después me confesó el hombre invisible
que sólo hay una forma de matar,
todo lo que respira muere de miedo ante la soledad.

Un día de sol para la mujer invisible

Una mujer tomando el sol de la costumbre.
Cada vez que la ignoran las miradas,
su piel es una campana.
No lo dice.
Quiere que la gaviota caiga,
que se intoxique del viento.
Nada hay que envidie más que el vuelo.
Mañana buscarán a un asesino de gaviotas.
Dirán que las asfixia y les corta las alas,
y de ella, como siempre, nadie sospechará.

Espina

Despacio.
Con la argucia de una espina,
me sabe mejor la muerte.
La vida no importa,
siempre existe de la misma forma,
siempre habrá de eclosionar en una hoja verde
o en un párpado que se abre.
La muerte siempre es sorpresa,
plan especial para cada cuerpo,
tal vez lazos de agua o brazos de fuego,
o a veces una espina transparente
que habita entre la carne del amor.

Jardín de cuchillos

Juego a lamerle el muñón a la mano del miedo.
Insólita permanezco con la ternura del filo de un cuchillo.
Creo en la transparencia de la oscuridad.
Creo en el olor de un cementerio.
Creo en la piel de un camaleón.
Ahí está la verdad.
Ahí,
en el viento que regala el ave cuando escapa.

J. Amada Hernández

Confesiones del excomulgado

Todos deberíamos ser un día bufanda y otro día Isadora Duncan.
Todos deberíamos ser un día flecha y otro día herida.
Todos deberíamos serlo todo.
Para no morir.
Para no juzgar.
Para perdonar.

Virtudes de la vela

La muerte es cualquier palabra.
El silencio prolongado.
La evasión.
Un sombrero.
Un beso.
Es el acto de caminar encima de las llagas de la mentira.
La muerte es carne como cualquiera,
como la tuya o como la mía.
Carne que se acerca a una vela encendida
y sopla.

Prefacio

La sombra de una oruga se mueve como un ojo turbio
mientras el viento agita la última hoja de un árbol.
Es otoño,
prefacio de la muerte.
La hoja garabatea en el viento la historia de su vida.
Pende de su suerte.
La oruga se traga su sombra.
Descansa.
Pero el peor crimen es el que no se ha cometido.

Terrenal

Impúdico deseo de atascarse la boca
con la frialdad que le sobra al día.

Tengo un caracol por oreja,
y un secreto me cuenta a muchas voces,
a muchos tiempos,
siempre el mismo:
mi nombre.

El ojo de mi dedo se escurre por tu piel,
te hablo a ti,
soledad,
espejo,
ventana,
escote,
hueco,
hilo que sujeta a la abeja en el paisaje,
viento que nos roba el aliento y nos vuelve infinitos.
Mi boca es más grande cuando calla
y mis pies son más honestos cuando se detienen.
Detenida,
invisible:
soy.

J. Amada Hernández

Juegos de vuelo I

Soy la misma ala que al romperse disfruta impedir el vuelo de las aves.

Juegos de vuelo II

En el fondo de todo,
de las aves y de la sordera del día,
deben estar enterrados los huesos de la conspiración.

Los aires, para viajar,
se trepan incluso en la luz de una uña.
Son jinetes diestros
que erizan las aguas tranquilas
y se comen las miradas.
Mi cara es el viento que se posa entre hojas y huecos,
es polvo de agua que desaparece.

La última historia puede hablar de cualquier cosa.
Todo lo es todo.
Yo,
con la mirada en el tiempo,
ya no puedo desvanecerme...
me hago carne.

J. Amada Hernández

Alas de agua

Las raíces de los icebergs,
azules y profundas.
Sus caricias rozando mis manos.
Soy libre con mi voz de hielo,
todo puedo pronunciarlo.
Nadie me escucha y nadie se hiere.
Puedo ser el espejo de la ballena o del ancla.
Puedo serlo todo.
Puedo ser cuerda también.
La cordura me gusta,
puedo engañar las luces para tenerlas cerca y tragármelas,
a las aves para arrancarles las alas y ponerme a volar.
Deseo abandonar el suelo que me ata,
el cansancio de ser la carne que camina.
Créeme,
no sabe igual el viento desde las alas de un avión.

El cajón

La oscuridad de mi pupila se vuelve voz hambrienta de escondrijo,
quiere tener algo diferente que decir cuando venga la muerte.
El cajón de las ansias,
imposible de abrir.
Todo oscuro.
Todo lleno de vacíos.
Incluyendo el susurro de la boca de las sombras.
Todo allí contenido,
y yo con la llave escondida debajo de la lengua.

Yo también habré de naufragar frente al témpano de la noche.

J. Amada Hernández

El jardín del Edén

La mujer sabe
que no tienen sentido las líneas oscilantes que rodean su vaso,
que el destino no se escribe,
que no lo pueden contener
unas manos
o unos ojos
o los astros.

La mujer
entierra su paso en la única vena de tierra que le queda,
y pasta junto a vacas y camellos,
y duerme en nidos de lechuzas,
y se esconde en agujeros de serpientes.

La mujer
es una hoja,
el veneno
o la leche...
el rostro que siempre falta en el paisaje.

La soledad del ojo

Sola,
abandonada
como el ojo en el perfil del pez,
como la hernia de saliva
que se carga en un beso,
como el collar de caricias
que se esconde en el barandal de una casa.
Así estoy,
si es que estoy.

J. Amada Hernández

Himno a la pausa

Tu nombre.
Mi nombre.
El nombre para todo
y para lo que no existe
y para lo que no hemos visto.
El nombre para lo que esperamos.
El nombre que la vida promete en su mirada.
El nombre del polen que se libera en el viento.
El nombre de las alas.
El nombre de la semilla que no encontró su matriz.
El nombre de la luz.
El nombre del llanto
acurrucado en la gota de leche que se escapa del seno.
El nombre que llueve con la oscuridad.
El nombre que se esconde debajo de la lengua para no herir.
El nombre de la herida.
El verdadero nombre del cielo
que puede ser el de un ojo o el del cristal de los besos.
El nombre del tiempo.
El nombre de la uña rota.
El nombre del ombligo.
El nombre del lunar
que nos reúne para nombrarlo todo,
para nombrar la eternidad que se quedó sin cuerpo.

Destino

La piel del ave profunda y pálida,
su voz de humo.

El cuerpo del ave,
esperando el disparo.

Disparo II

Entre ciervos puedo confesar
que el miedo es una hoja que se mueve
o la gota que golpea el suelo.

Nunca he visto huir a un ciervo asustado.
Yo, como él, me trago el pasto con la cabeza levantada
y espero que esta vez no me traicione el viento
donde viaja la muerte en su caballo blanco.

Las raíces del cielo

Las raíces del cielo penden de la luz.
Si pudiera salir al encuentro de las hojas,
si mi piel pudiera contener el ruido de las nubes.

Los pies del cielo me cubren la cara.
Soy el suelo que sirve de rumbo al latido de la sangre.
Soy el pasto de carne que alimenta corderos de luz.

La vidente

Aprendí a leer en las raíces de los árboles
y en la luz
y en las lenguas.

Mi almohada es la gota
que se desprende del vacío.
No hay nada más perfecto que la tierra
cuando decide ocultar sus cadáveres.
Yo también seré la cama de algún abandonado.

El nido

El pasado es el perfume de la hoja que cae.

El ave recarga sus alas en la estatua
y siente cómo el viento la libera de lo eterno.

Simple soy yo con el tiempo golpeando en mi mirada,
de pronto una voz me nombra y me recuerda
que todos algún día seremos el pasado.

Otras raíces del cielo

Entre las raíces del cielo todos somos extranjeros.
El viaje es eterno,
estirar las alas o los cuerpos
sólo para descubrir que nunca estamos solos,
que la tierra es de todo el que la pisa,
que el cielo es un astro como la huella o la mirada,
que nadie conquista más allá de su espacio.

Las arrugas que nos besan el cuerpo,
inagotables y libres,
como las raíces del cielo.

Como el polvo,
también la piel habrá de morir,
y en el olvido también somos los mismos.

dos

EL IDIOMA DE LAS LUCES

No hay más canto, ni baile, mi mente es vieja Casa
de Juguete con todas las luces apagadas.
Kumala Suraiya Das

J. Amada Hernández

Caja de las astillas

Las astillas del grito de todas las cosas me trepan.
En mi espalda cabalgan los jinetes del aliento a tu nombre.
Mi nombre
también es el humo
que se desprende de todas las cosas.
Yo también me alimento del alma de la sangre,
y me encajo en los labios de los tugurios
y descanso en los ojos del asesino.

Autorretrato de pared

Mi lengua mariposa que se blande entre las espigas de la luz.
Desde el filo del cuchillo mi dedo ve el rostro del viento.
La carne se monta en el lomo dolido de las horas.
Todo quiere ser luz. Sólo yo soy sombra.

J. Amada Hernández

La casa del poeta

Se rompe el cristal de su saliva para nombrar al ojo de todas las cosas.
El ojo de la tierra. La huella.
Sus huesos son las hojas que penden del tiempo,
y su casa es el humo que baja del cielo hasta las chimeneas.
El mismo por el que huyó Dios.

Hay ojos que son ciegos
porque han llorado en el filo de los cuchillos que visten al hombre.

Oda a la piedad

Creo entender
al auto que no se detuvo frente al gato que cruzaba la calle,
al gato muerto en la acera,
a mi pie que salta el hilillo de hormigas que llega hasta él,
a las hormigas que se comen su ojo aún húmedo.
Creo entender la mano de pinza en la nariz del apóstol
que atraviesa la calle.
Creo entender la piedad que lustra al cuerpo de la muerte.

La llave

Tal vez en el reflejo de mi voz estén contenidos todos los secretos.
Nada habrán de decir las cenizas de la luz o la mancha en la mirada.

En el mapa de mi lengua está el destino
de todos los cabellos que se untan al viento para aprender del vuelo.

Y mi voz con su llave extraviada
se cuelga de la astilla de tu nombre para salvar el último escondrijo.

Calle X

Las sombras duermen debajo del disparo.
Todo contenido en la herida del motivo.
Caben horas,
besos,
raíces
y carne en el agujero del vacío.
Debajo del pecho me caben hados que ya nadie persigue.
La calle es el hueco por donde corre la sangre del otro.

J. Amada Hernández

Cómo capturar a un grillo

Cualquier grillo se posa en la rama de mi carne.
Uno solo.
El último.
El que nadie dejó entrar en su jardín.
El que recorría desvelos con su cara de puente caído.
El que se le enredó a Joyce en el cuello de su saco.
El que atrapó, por equivocación,
la única niña interesada en cazar luciérnagas.
Ése vino con sus ojos encendidos como velas
y me habló de convertirse en lo que uno toca.

La profesión de la memoria

Nadie entiende la profesión de la memoria.
Los ojos de mi lengua
te preparan para la fotografía,
piensan que son lunares que cabalgan en el tiempo, pero nada,
incluso el misterio logra permanecer.
Te sugerí no sonreír.
Las sonrisas se oxidan
como las botas del soldado que regresó del combate.

La vida entera contenida en la memoria,
y la memoria
respira del hueco que le cabe al hombre
y al sombrero
y a la uña,
y como todo esto habrá de morir,
pero las pruebas siempre serán necesarias.
No importa que la vida sea el traspatio del odio,
el lugar donde el odio descanse para parecer piadoso,
para permitir el flujo de la nada.
No importa que la vida sea la estela de un barco invisible
al que todos dicen presentir.
No importa que la vida sea el fin.

Resaca

La mancha de la humedad camina para comerse al ojo.
El ojo se abre,
y con su lengua de luz alumbra la estela de la carne.

No hay cuerpo
que acompañe a la espiga cortada por el viento,
ni puente sobre el que ande la desnudez del respiro.
Todo existe en el murmullo que delata a la ola.

La ola del suelo y del aire,
del beso y del sexo.
La ola de la frontera y de la puerta,
de la mujer y su humedad.
La ola de todas las cosas
que habrá de romper en la espuma del origen.

Los derechos del auto o una historia de Miami Beach

Este lugar es digno de contarse,
por todos lados hay perros que acompañan soledades,
y algunos niños encadenados a las almas de sus madres.

Hay gatos que durante su apareo
despiertan las envidias de los motores apagados de los autos,
porque aquí viven las cosas muertas
y mueren las cosas vivas.

J. Amada Hernández

El último
unicormio

El unicornio es un animal místico,
decía la mujer que se masturbaba con su cuerno.
Nunca antes alguien le enseñó a qué sabía el vuelo.

El idioma de las luces

La gota de luz que pende de mi seno
alimenta a todo el cementerio de lámparas de aceite.
El grito de la oscuridad me desprecia,
pero aun así
siento cómo todas las noches me voy convirtiendo en una vaca.

Naufragio del trono

Los tronos no flotan, se hunden.
José Luis Sampedro

Me advirtieron de los sueños,
de la eterna posibilidad
de que se conviertan en la escalera
por la que tenemos que pasar debajo.

Yo era el cisne que conocía su destino,
me sacudía las alas en mitad de los lagos y esperaba mi día.

Los sueños son algodones
que rellenan al cuerpo después de la muerte,
huellas extrañas que habremos de seguir para acabar el tiempo.

Ahora casi no puedo ver mis alas en el espejo de la charca,
y cuando logro verlas pueden ser las alas de cualquiera.

Oscuro

La casa.
El hueco.
La luz que corta la mirada
pero no puede hacer lo mismo con el ojo.

La fiesta de las bestias es oscura
como la casa o el hueco.
La vasta noche de las bestias
con su parque de espejismos,
con su boca de humo,
con su silencio que es el filo de la luz,
con su esfera deforme de presagios.

Basta un pie adentro del pensamiento para dejar entrar la luz,
pero el hueco o la noche no deben pisotearse,
el ojo debe ser su único habitante.

J. Amada Hernández

Día de limpieza doméstica

Soy la mano que se cuelga del viento
para no caer amputada.

La uña que olvidé en mi pasado
me empieza a hacer falta.
Es corta y áspera
como el óxido que le escurre a la inocencia de un niño.

Me gustaría ser limón o caja de música,
cualquier cosa que no entienda su destino.

El cadaver del árbol

Me vuelvo de ceniza
tal vez por la costumbre de mis muertos.
Mis ojos son las alas que se fueron
y los presentimientos de la noche las luces que me cuelgan.

También mi retrato es tu retrato.
También habrás de morir en la distancia.

Filo

El incendio de los lunares se extiende en el filo de la espera,
nadie jamás se prepara para caminar sobre islas de espinas.

En los ojos habitan los cuerpos del olvido
que marcan la inexistencia de la muerte.
En la huella escribimos también el testimonio de los otros.

La puerta del agua

En mitad de un largo verso aparece el mar con su boca de abejas.
Me siento y admiro el aliento del pez.
Soy la víctima que se olvida entre las dunas del silencio.

Hay un niño jugando a ser rey,
otro se cuelga del brazo de un hombre con rostro de ola,
ambos han sido atacados por el enjambre.
Han tocado a la puerta del agua,
después de este mar no volverán a ser niños,
serán peces
o anguilas
o castillos de arena,
pero nunca más estatuas de carne.

J. Amada Hernández

Cualquier niño puede ser un asesino

El niño que cruza el césped tiene el aliento de una cruz.
Debajo del árbol se sienta a orquestar historias.
No tiene amigos.
El gusano,
que descubre la superficie,
le trepa por el brazo.
El niño calla ante aquel visitante,
siente su caricia babosa.
No durará, piensa.
Lo aplasta.
Luego se tira en el césped
para ver el suave andar del azul del tiempo con su boca de algodones.

El duelo
de los espejos

El duelo de los espejos se bate entre las hojas desprendidas de los arboles.
El cuerpo es un árbol.

La calle es la ola que siempre nos alcanza los pies
para recordarnos el nudo del grito.
El árbol huye hacia los puentes.
La guillotina es un puente.
La cuerda también.

Nadie tiene rostro en la casa de los espejos,
allí las lenguas son como corbatas
que visten con elegancia al cuerpo del suicida.

J. Amada Hernández

La suave especie

La suave especie reconoce su destino,
su voz ronca se confunde con las ostias del templo de la luz.
Nadie existe para negar su vida de páramos insatisfechos,
en el agua de la huella expía sus secretos.

Lee su futuro en el mapa astral de su sangre,
su agónico suicidio.
La pasiflora le regala una sonrisa,
le cuenta las historias de los venados, los pavos reales y las estrellas.
Ella es simple como un grano de azúcar,
como el corazón de un cisne,
o como el alma de una lanza que sabe nacida para enseñar la muerte.

Receta
para un pecado

El diablo con un cigarro de sexo entre los labios recita a Silvia Plath.
Se ríe de los tiempos que se olvidan con el olor a incienso,
escupe sobre amores y lilas.
Camina sobre las espinas de los muérdagos para no olvidar su grandeza.

Su color es el bronce de los libros antiguos,
de las campanas de la iglesia,
de la estatua en mitad de la plaza,
y su huella,
blanca como la de un estornino entre la nieve.
Y en mitad de su delirio
su mirada de trino de canario,
que entre el humo del presentimiento,
obliga a vibrar a cualquier virgen.

Historia del tiempo

El tiempo se posó en la pluma del ave. El tiempo se convirtió en el ave.
Su lengua fue la arruga que escurrió entre el pantano de los cuerpos.

Nadie supo nunca más de su vuelo.
Desde entonces no hacen falta los muelles o cuellos para aguardar la espera,
todo ha sido fugaz como la mano en el único ojo del pirata,
como la silueta del dedo que todo lo acaricia.

Confesiones del cisne

Me podrían animar a tirarme del puente.
El perro con sus orejas caídas en el miedo.
La voz del cántaro que se da para las lenguas.
Cualquier cosa podría darme el empujón.

Pero sigo.
Entre los puentes derrumbados.
En los campos infecundos.
En la estéril espera que sólo llegará con la muerte.

Con los ojos cubiertos de una legaña que algunos llaman fe,
sufro, muero, desmiento cada día,
pero no ocurre nada más en mitad del camino.
El cisne se come la belleza del paisaje mientras abre las alas.
Pero yo, áspera y sucia como una noche restregada en el fango
me siento entre ladridos de lo que pudo ser,
mi sed bebe el agua de las fosas comunes,
y callo lo que sé.

J. Amada Hernández

Del otro lado

No temas,
los muertos no hablan,
los gusanos le comen primero la lengua
para que no adviertan de la paz en la caída.

Los muertos son ciegos,
no necesitan ver luz,
del otro lado todo es de un mismo color,
el sol,
los recuerdos.

La carne se cuelga en las ramas de los árboles,
del otro lado se anda en esqueleto,
a veces se salpican las veredas de sangre,
o se encuentra algún intestino abandonado,
pero todo lo que abandona nunca nos hizo falta.

Desnudo es una palabra innecesaria,
inexistente,
prohibida,
no se puede ocultar nada.
Las uñas son muy cortas para cubrir la herida,
del otro lado, de éste...

Nota del suicida

No importa que todo duerma, yo estoy despierta.
Velo la palabra que nadie habrá de escuchar,
las flores del aliento
y las astillas de la herida.
Ya tendré tiempo de llegar a ese lugar donde el silencio es una fiesta.

J. Amada Hernández

De los fantasmas olvidados

No hay fantasmas,
sólo recuerdos olvidados por instantes.

Al final todo regresa.
Caminos nuevos,
nuevas veredas,
todos los rumbos son uno solo,
nada hay por descubrir.

Todo se reconoce,
la luz escondida entre la oscuridad,
la voz escondida entre el silencio.

Un gesto. Todo aparece.
Dolor
de no acostumbrarse a sentir la luz
que sorprende al iris tratando de recitarle el árbol,
la calle,
el mar...
todo.

Del otro lado,
de éste,
todo es igual.
Aquí también duele.

Soy entre fantasmas
lo que no soy.
La telaraña de fondo
que ansía ser nido nuevamente.

Nadie es culpable.
Todos somos víctimas de estar
entre sombras y luces.
Todos somos víctimas
de anestesiar fantasmas
para dejar de sentir
la astilla encajada en el dedo.

Yo también soy olvido de tiempos breves.

Yo también soy fantasma de cuerpos abandonados,
de sábanas blancas,
de ausencia anunciada.

Al final todo regresa, menos el cuerpo al alma.

tres

ENCIMA DE LA NADA

Desde que abrí los ojos me di cuenta que mi sitio no estaba aquí, donde estoy, sino en donde no estoy ni he estado nunca.
Octavio Paz

J. Amada Hernández

Discurso de la sombra que se niega a morir

Yo te parto en dos,
noche.
Yo escupo tu grandeza
con la oscuridad de mis adentros taponeada
por el fuego de otro cuerpo.

Yo soy grande,
más que tú.
Yo le exprimo la vida a la vida
y después me vacío del latido extranjero que late dos veces.

Mira cómo estoy en mi trono:
con las piernas abiertas,
mis brazos asfixiando a otra voz
y el grito de tu miedo latiéndome en la cara.

Soy tu noche,
noche.
La oscuridad que te oscurece,
y te opaca,
y se planta,
para verte humillada,
a la sombra del garfio que te niegas a olvidar.

Cuando no me envidias,
también soy tu orgullo.

Cuando no te vejo
también eres yo.

J. Amada Hernández

La herida
que no cierra

Llanto como navaja de doble filo,
mientras corta el pecho corta también el vientre.

Su deslizamiento no es caricia,
es herida mortal que te convierte en otra.

Ahora entiendo:
a veces cada luna nueva,
tiene que llorar el corazón
e irnos acabando lentamente.

Destrucción

Hoy te vi con mi ojo de cíclope
como si caminara por las calles de Troya
después que aceptaron el obsequio.

Somos monedas para los dioses
en tiempos de carencia.

El sacrificio es la destrucción,
y seguimos viviendo
por la promesa de que el dolor redime
y todo vuelve a su sitio.

Vi los ojos de fuego
en una mujer traicionada.

Todo en la traición acaba.

La vida entera se desvanece,
y la pequeñez del hombre
se vuelve más
cuando se cree Dios
y quiere pagar sus deudas
con monedas de carne.

Pero la destrucción sólo se conoce
cuando se es víctima,
y nadie se salva.

En el instante final
no harán falta gritos,
desde el silencio
vendrá el eco que rebote en las paredes del cuerpo
del que queriendo ser grande
resultó la nada.

Oda a la ilusión que se pudrió

Otra ilusión se me pudre en la boca
sin atisbar la primeriza luz de mi interior.

Me desangro en la creencia que me escupe
y paro la insistencia de esa negrura que siempre me rodea.

El dolor no es dolor cuando se sufre,
sino la coqueta sonrisa de la muerte.

Ahora de mis ojos sale a pasear la noche,
mis pies caminan sombras
y mi voz es el aullido del lobo en luna llena.
Te hablo de la sonrisa desgastada del tiempo
a punto de cicatrizar,
de la llama que se enciende en los cuerpos
y no admite el reposo
mientras se duerme el eterno sueño de la oscuridad.

J. Amada Hernández

Notas del vacío

Es este vacío dentro del vacío ya existente,
el que me hace temblar;
a su encuentro
soy la soledad con rostro humano
vagando por el mundo.

Algo me falta.
Todo me falta.
Quiero que el vuelco que me dejó sin intestinos,
me los devuelva.

Allá afuera no hay nada,
pero estar sin todo lo que siempre me acompaña
me vuelve una burbuja en mitad del torrente sanguíneo
que siendo vida,
mata.

Amárrame el cuerpo a tu tobillo izquierdo,
yo,
como grano de arena al viento,
seré tu carga.

Quítame el aire que me sobra,
porque el oxígeno también mata.

Hazme sentir pertenencia en esta tierra.

Otórgame dedicado el paisaje,
para no volverlo a sentir como un extraño.

Siéntate conmigo desde donde no estés,
repíteme la dosis de tu voz,
de tu abrazo por dentro de mi cuello,
y oblígame a entender
en el hueco del mundo
por qué nos encontramos.

J. Amada Hernández

Última canción de la sirena

Yo implacable ante ti,
con los ojos de gusanos quemadores,
con la piel de comal en candela,
con las manos de tentáculos desesperados.

Envolviéndote en toda yo,
con la luz de mi ombligo como vela inagotable;
tirando de tu pelvis,
de tu pie,
de tu diente...

Volviéndome verdugo inaudito.
Impío personaje de uñas
como cáscaras de pistache,
de dedos
como gajos de mandarina,
de piel
con textura de papaya.
Tengo palmeras de aretes,
rocas del malecón de gargantilla,
arena de vestido de noche.

Tú,
navegante esclavo te embelesas
con la luz del faro que termina a mis pies.

Soy cruel en tu yugo.
Te dejo anclado en mi puerto,
abarloado a mi cintura
y subo tu amarre a mi pecho
(porque tus manos apretándome
me dejan desnuda).

Sin escrúpulos
te conduzco a la orilla del mar
para dormirte con el canto mudo de una ola
al compás de la sal,
y ahí te descubro entero
y te acuesto en mi vientre
y me apiado de ti.

Dejo que me levantes el rostro;
que reconozcas con los rayos del sol
la cara que tiene tu asesina.

Donde se anuncia el abandono

No te olvides de apagar las luces y cargar con la espera.
Yo sé lo que vendrá para ti,
por eso no te diré que te entiendo.

Ahora voy a soplar encima de la llama que alumbra mi oscuridad.
Hace tanto apagué la luz y encendí esa vela
que apenas si me erizo recordando lo que viví
al envidiar tu paciencia.

También tú tendrás que aprenderlo con el tatuaje de la llaga propia:
no es posible habitar este mundo sin la promesa de una luz salvadora.

Confesiones del hombre

Hoja que cae por el borde del viento,
y mientras se abandona
platica la historia de un tiempo que nunca conoció.
Hombre que muere intentado descifrar el misterio,
como si fuera un código escondido en las heridas.

Nada en esta tierra conoce de absolutos,
todos somos la excepción que hizo el destino
para salir del hartazgo que le otorgó la perfección de la rutina.

Ahí,
en cada ojo,
en cada dedo,
está contenida la imperfección que nos convierte en hombres.

J. Amada Hernández

Nostalgia del regreso que se extravió

Siempre estamos pensando en el regreso,
en apagar el tiempo.

Volver al origen.
Volver a donde todo es nada,
volver al momento que vivimos hace tanto que ya no recordamos.

Quiero ir hacia una cama,
envolver mi cuerpo en la desnudez de la oscuridad
y cerrar los ojos.
Regresar al cordón que produjo el milagro,
quizás el único milagro que presenciaré:
ser invisible.

Lista incompleta de obsequios en una navidad cualquiera

Intransigentes objetos.

Pesadas cargas
que alivianan la oquedad del alma.

Pesadumbre de no tener.

Hueco relleno de nada.

Necesidad de todo.

Abundancia de nada.

Nada quiero
lejos de un pensamiento dirigido.

Puede ser una concepción material
o un solo momento.

Un objeto de cualquier
o nula dimensión.

Pero un objeto que me rescate
de la omisión de tu memoria.

La angustia de Frankenstein

Respiramos la incapacidad por los poros,
sudamos.

Frankenstein de retazos humanos ajenos y propios,
y la experiencia que no llega.

Morimos esperando ser
más de un alma fundida en un solo cuerpo.

Tan pequeños somos,
que un día se apaga un foco en la vecindad de los lamentos
y nadie se entera de que dejamos de existir.

J. Amada Hernández

Abandono en cuarto menguante

Mi rostro es cuarto menguante.
Tu luz se ausenta
y me reclama el pedazo de tierra
que olvidé en la oscuridad.

Devuélveme la luz
que se tragó tu ausencia
y espántame la soledad
con el soplo de lucidez que lo ilumina todo.

Nada hay debajo del rostro.
La luna no tiene cuello,
ni cuerpo,
ni verdad del otro lado.

Una sola cara
para servirte de lámpara,
espectro viviente de tu luz,
semilla que se pudre
dentro del frasco que encierra el desencuentro.

Soy noctámbula de tu velo
que esconde pastillas debajo de la lengua
para obligarse a dormir.
Soy sueño infinito de ti.
Guardiana sin vigilia de tu abandono.

Palabras del árbol que quiso ser pájaro

Nada somos fuera de este espacio.
Somos árboles que forman bosque,
y siendo bosque no somos árboles.

Ramas del tamaño de las intenciones.
Árboles pequeños,
que apenas sirven de canapé a pájaros y estrellas.

Señalamos el firmamento inalcanzable,
desde la tierra que nos jala por el cuello.

Deseando el vuelo que jamás haremos,
somos víctimas distraídas
que la vida se encarga de matar.

J. Amada Hernández

La historia es el compás del péndulo

Una historia.

Dos historias.

Nosotros,
un signo de igual,
historias.
Nosotros,
como colcha de retazos de telas,
unidos por el ojo testimonial del péndulo.

Cada día,
un trozo más de memoria,
un recuerdo llenando el libro blanco de la experiencia.

La historia de tu cuello

La historia de tu cuello no me vence,
entre la niebla provocada de tus besos
me observo muda
y cuento las jorobas de mi puente
que busca conducir a tus adentros,
pero mis brazos esperándote se extinguen.

La cortina que pende del recuerdo
me obliga a pensarte ajeno a mí,
movido a otro tiempo,
donde quizás las bañeras eran charcas
que divertían los lamentos.

Hay gotas de cuerpo que me pronuncian
y su voz cada vez es más seca.
Formo con mi dedo
la pluma que rescate la silueta
de la voz enmohecida de tu olvido.
Necesito encontrar tu orilla muerta
recorriendo las laderas de mis pechos.

Yo sólo entré un día
en el torrente de tu caricia
para plantarle a la vida
el golpe en los labios.
Ahora me ahogo en el espejo del tiempo,
bebiendo la noche que sale de tus brazos.

J. Amada Hernández

Consejos para el bello durmiente

Jamás atentes contra el humo
que invade tus pulmones mientras duermes.

Él está ahí,
contando tus respiros.

Desde su aparente vacío te invade,
llena la mancha de la nada
y oprime la memoria de su víctima.

No le tomes por el cuello.
Ha dispuesto una trampa en tus adentros
en el caso de que intentes asfixiarlo.

Definición de olvido en tiempos difíciles

Mis ojos de luciérnaga
lloran luz de tu olvido.

Ahora soy tu mitad desterrada,
la carne que perdió su máscara
entre las fauces de la ausencia.

Soy la arruga de sombra en tu rostro
que se niega a morir.

J. Amada Hernández

El lastre del olvido

Túnel como zafacón de novedades.
Sorpresa enterrada
que hace de aparición primera.
Cabalgata sin caballos blandos.

A veces plácida sensación de ser.

Testimonio de existir sin pruebas fidedignas.
Sufro porque eres memoria y no olvido.

Abandono
en cuarto creciente

Y si un día,
de pronto,
me vomitas como a tu último recuerdo,
me quedaría mutilada,
sin alas,
con los ojos sangrantes
y las manos indispuestas a sacudirme
para volver a andar.

No te quites la piel de tu pasado frente a mí,
recoge el escupitajo del último abandono
y carga con el peso del silencio.

El dolor,
cada vez que revives en otro tiempo,
me va comiendo las tripas
y me jala la lengua hacia el fondo de todo, para deshacerla.

Acaba degollándote la memoria
y acaricia mi rostro
con la bofetada fría del reclamo,
porque yo también soy culpable
de abandonar la lucidez.

J. Amada Hernández

Aria de la herida eterna

Tengo un dolor en el cuerpo
que me vuelve herida abierta.

Dolor
de que me roce el viento con su indiferencia,
de atrapar sonrisas que no se dirigen a mí,
de caminar con el corazón,
latiendo desde afuera,
quizás en otro cuerpo.

No pienso morder el silencio
para que no me escuchen gritar.

Dolor que me expone por el envés del cuerpo,
que escala entre los muros del viento hasta encontrarme,
que me flagela con su salvaje atisbo,
que abre mi vagina con su filo expuesto,
que me azota el rostro con un beso.

Entiéndelo
tu caricia es un golpe,
ven a vivir aquí adentro.

De nuevo sobre las palabras

El amor con ausencia huele a olvido,
el olvido con amor huele a ausencia.
No se conocen las voces por la queja,
sino por el susurro del alma.

La boca se abre,
sale una palabra que puede ser cualquiera.
El verdadero sentir se viste de vaporosas intenciones
que puede decir:
amor,
ausencia,
olvido.

No hay palabras iguales,
la carne que las pronuncia es diferente.

J. Amada Hernández

Nuevas definiciones de una luna vieja

La luna sabe a beso redondo,
a pezón frío,
a ojo abandonado.

Imagen de ausencia de soles,
de conejos cazados por noctámbulos.

Globo que se le escapa al destino,
foco encendido del anonimato.

Voz escondida
que se asoma en el estanque, en el mar, en la sombra.

Memoria de queso que se seca
entre la brisa del deseo.

Vacío blanco que se inunda de sed,
que se peina en los ojos dormidos
y aprende de la noche el juego de nacer.

Las voces escondidas de la carne

Odio y amo. Por qué lo haga acaso preguntas. No sé.
Pero pienso que es hecho y me torturo.

Catulo

Una palabra engulle las entrañas
y carcome las ansias.

Se trata de ser capaz de no reventar,
de agarrarse los ojos
para no terminar con las cuencas vacías.

Una palabra es la vida siendo la muerte,
y las uñas la escriben sobre la piel húmeda
levantando la carne.

Libros enteros han quedado dispuestos,
como tatuajes,
en hombres que han sido corderos.

Después de una palabra se nos traba la respiración,
y se descubren otros pulmones
que inhalan caricias o veneno.

El hombre se descubre pergamino,
y por primera vez camina desnudo
sin ocultar los senos implantados o el miembro erecto.
Se sabe cercano a lo divino,
encuentra el cuerpo manchado por lo sublime:
amor u odio,
los dos opuestos son su límite,
fin y medio,
instinto puro,
la misma cosa.

Amar y odiar,
vivir y morir,
he aquí el castigo:
jamás dejarás de ser el hombre.

Declaración del primer alpinista que llega a la sima

Estoy en la sima,
en el abismo puro,
profundidad tan vasta
que no me alcanzan los pies para pisarla.

Quiero rendirme y caer más,
ver hasta dónde en medio de la negrura se puede llegar.

Ver nada entre la nada
y descubrir qué esconde la negrura.

¿Hay algo detrás del telón?:
la vida con su mueca
ensayando el aplauso.

Sobre los destierros

Son lejanas todas las tierras donde no estás.

El mundo se congela.

Desde aquí te solicito
como el pedazo de tierra
que podrá salvarme del exilio.

Eres isla.

Única tierra que no me pesa llevar en las espaldas.

Eres la tierra que me sostiene,
que me da un lugar encima de la nada.

Aires de tormenta

Siempre habrá motivos
para esconder las manos.
Pero todo pasa.
Aparecen las manos
y de nuevo la tortura de querer
que los golpes nos inunden las palmas.
El dolor cura la culpa,
y la culpa purifica.

No te empeñes
en anunciar la diaria hecatombe,
aún lo más turbio
trae un aire previo, pesado,
casi imperceptible
que alivia la sorpresa de cualquier espera.

Aires de tormenta.
Lo más duro ocurre antes
y después de lo más fuerte.

J. Amada Hernández

Grito abierto

Se apaga la luz
y empieza a brillar el grito abierto.
Todo es silencio.

Una mancha negruzca
le viste la desnudez a la nada.

Las huellas perdidas
le sirven de zapatos al olvido.

El miedo se ve en los espejos,
implanta el destierro en las sonrisas.

La soledad tiene sombra
porque tiene cuerpo.

Abandono que se queda solo.
Un grito le dice lo que nadie le ha dicho.
Silencio.

Una luz flotante acude ante la súplica.
De pronto ha muerto.

Huele a piel curtida con terror,
a uña quemada entre brasas de pupilas tiernas.

La salvación se ahogó
en el llanto de la bondad apagada.

Aquí hay muerte apedreada con el escupitajo de la mentira,
faroles quebrados con la impaciencia del suicidio.

J. Amada Hernández

Autopsia

Temor de que me encajen
superficialmente
el bisturí de la verdad.

El corazón sangrante;
una sístole, odio
una diástole, asombro.

Un campo despoblado de manos infecundas,
irrigado por la bilis del coraje.
Infortunio de vivir acompañada
de la mano que sujeta
por la arteria mayor.

Cuerpo que vomita el abandono,
y se pudre en la lujuria avejentada.
La caricia salvadora es la que se encuentra
mientras se busca un arma en el cajón de las cucharas.
Y a veces ocurre que aparece.

Y la herida que sangra,
y el pulmón regurgitando las voces del oxígeno
para expulsarlas de su bondad
y tirarlas a la llama inextinguible del olvido.

Mis súplicas ripiosas de muerte y resurrección.
Vida sin fin, vida sin conocer el comienzo.

Rostros espantados
ante las pupilas dilatadas
con el placer rojo
de la carne ausente.

Mil cortes preparan la última cena,
los testigos poniendo la mesa.
No hay enemigos,
sólo aquellos que usan sus lenguas
para olvidar la amargura de su propio platillo.

El esqueleto
enclenque
sanguinolento
es la estocada final
del destierro.

Mis voces acurrucándose
en la mandíbula abierta
de la piedad.

Sin pecho, sin intestinos,
sin el ombligo del recuerdo,
tengo todo para ser feliz.

Abierta desde la arruga de la frente
hasta la última uña de los pies
estoy como siempre quise estar:
dispuesta a romperle el hocico,
cuando aparezca la realidad con su cuchillo,
con la pelvis chorreando
la poca humanidad que me dejaron.

Frío de nada

Una idea
luego nada.

Una voz
luego nada.

Una mano
luego nada.

El paisaje frío
con la ausencia de testigo.

Vientos que chocan,
contradiciendo el fulgor del temple.

Un cono de vacíos,
de espejismos.

Imprecaciones del ser huido.

Un diente que se muerde el labio
para seguir callando.

Alguien estuvo.
Hay restos de ideas,

de voces,
de manos.

Hubo abrigo
para luego sentir frío.

Aquel embudo en movimiento
todo lo gira,
todo lo reduce.
Aquí deja sólo el hilo de tierra
que lo sujeta al suelo
aunque pretenda el aire.

Polvillo de caspa de ideas
que pone a rascarse a la tranquilidad.
La denuncia es callar enseñando los dientes,
amordazar el ojo para que no delate la lujuria,
escupir la humedad vaginal para impedir el grito.
Se necesita pronunciar el nombre inmortal.

Se necesita dibujar el cuerpo que extendió nuestra piel
y luego se cubrió con la inocencia.

Hay un viento que lucha contra su realidad
para no morir suspendido en el anonimato.

El ombligo siempre guarda el cordón umbilical de Sibila.
Su sueño eleva y luego suelta su alarma fúnebre de la huida infinita.
Cabalga por el monte de nuestros deseos
y marchita con su galope la estridente ternura.

Aquí pasé.
Aquí estoy escondiéndole el espejo a la nada
y tejo la bufanda al frío ineludible que trae el abandono.
Aquí estoy disfrazando a la verdad de gato manso.

J. Amada Hernández

Leyenda del fuego que jamás se extinguió

Tiempo soy entre dos eternidades.
Antes de mí la eternidad
y luego de mí, la eternidad.
El fuego;
sombra sola entre inmensas claridades.
Carlos Pellicer

Cuerpo ausente que deambula en el gozo
temiendo no merecer.
Culpa que convierte al que mira
en desprecio de luz,
sombra absoluta.

En la voz escondida se confiesa.
Los poros se abren
con el vaho de la vacuidad del tiempo.

La piel todo lo absorbe:
oscuridad como único abrigo,
ausencia de todo,
llama apagada,
soledades,
carencias.

Silencio ensordecedor
que es nube negra sobre la cabeza.
Es la señal que todos los dedos apuntan
y crucifican con la excepción.

Punzada acertada
que redime adoleciendo.

Estoy sangrando luz por la yema de los dedos
y con ella trazo el camino que me aparte
de la profunda voz del abandono.

El fuego
de hilo
que teje las debilidades.

La llama sobre el sexo rescata,
la voz aguardada en el recogimiento
congela la carne
pero no detiene la marcha.

Eternidad es
parirse en el grito de la noche
y en la muerte
remendarse los labios de las ansias.

J. Amada Hernández

Delirio
del silencio

El barandal entreabierto de tus ojos
es el hierro que cargo debajo de mis crines.

Tengo la esbeltez del trigo que se acerca a la cosecha,
y mi voz es absoluta.

No hay miedo entre las lunas que se fueron,
el sol que amanece es el que temo.

Sé que tu voz dibujada sobre el viento
es la primera parte de lo que jamás dirás,
y el silencio es el cuerpo del olvido.

Sin anestesia

Punzada que hace eco debajo de mi vientre.

Ahí estás tú,
doliéndome.

Y yo,
no es que sea indefensa,
pero me dejo doler,
me retuerzo entre tus manos,
me concibo expectante.

Qué espero.
Que de tanto que me has dolido,
un día ya no te sienta.

J. Amada Hernández

Súplica del extranjero

*He vuelto a este lugar
como el venado vuelve...
oteando el sitio en donde fue espantado.*
Osvaldo Navarro

Se abre la puerta
y el testigo está adentro.
Los ojos del cuerpo alimentan la ceguera del tiempo.

No son caricias las hormigas que me trepan la espalda.
Una bofetada es caricia,
una traición,
un improperio.

La luz desvirtúa la estampa del convencimiento.
El ombligo se inflama con la soledad del misterio,
el abdomen crece
y lento se hace el cuerpo en su torpeza.

Estoy aquí
para recordar que he muerto.

Reloj de cuerpos

Tiempo que regeneras las ansias,
que comes la arruga que brota del recuerdo
y limpias el moho con la claridad del descubrimiento.

Tú, que te sabes tan solo,
tan despreciado, tan poco,
que te limpias las culpas
besando con tu olvido los cuerpos destrozados.

Ves hormigas y nubes y espejos
y nos ves a nosotros
y lloras por estrenar ciervos en tu arrepentimiento.

Volver al comienzo de ti.
Siempre nos llevas a repetir tus desvelos.

No eres inmortal,
la brisa es inmortal,
el mar, los sueños,
tú eres el borde de los cuerpos,
la mordida rabiosa del derrumbamiento.

Nosotros permaneceremos.
Tú morirás con nuestros cuerpos, algún día,
tiempo.

J. Amada Hernández

El último grito de un muerto o la voz del silencio

En memoria de José Luis Juárez Castellanos

Un muerto degüella el camino,
aprieta con la frialdad de sus colmillos
la vida colapsada,
y hierve con su lenta crueldad
el viento condensado de la memoria.

Ahí,
en medio de la multitud de miradas
todos somos mancos, mudos y ciegos,
indigentes que se chupan los huesos
para morir con el estómago tranquilo.

No hay luces que apaguen la oscuridad.
El color de los golpes,
la mejilla sangrante,
el tiempo sin latidos,
es blanco,
como el primer diente de un niño.

Soy el esqueleto que se asombra
con la cobija de vísceras que destapa el asesino.
Soy el grito abierto
que inunda de aullidos el paisaje.

Y le pido al silencio amordazado de la derrota
que no me calle el recuerdo con la voz de sus ojos.

J. Amada Hernández

Ignorancia en una tarde de fe

¿Para qué abrirle los ojos al amanecer,
si no podríamos envolver la figura de alguien
en el lienzo de nuestra mirada?

¿Y para qué flagelarse la huella del pie,
si no existe camino por construir
para llegar a la llama del encuentro?

¿De qué sirve poder gritar el susurro,
si el paisaje anuncia la sordera?

¿Y qué reclamo elegiríamos para partirle el rostro al tiempo,
si el motivo para renunciar a las arrugas
se escapó con la caricia del recuerdo?

¿Y de qué sirve rescatar al mundo inventándole una historia,
si la vida nos estampó su voluntad
con la ironía de la derrota?

¿Y para qué sirve presentir un sueño,
si la fuerza que lo alimenta
nos arroba con tierra la pupila
que apenas sobrevive a la eclosión del alba?

Yo no sé si existen muchas cosas,
pero hay que seguir inventándolas.
Desnudo el mundo,
necesita vestirse de nuevo con el misterio de sus velos.

J. Amada Hernández

Mensaje al hombre que intentó huir

La tarde que me sentó en el olvido,
nadie la presenció con la memoria.

Ahora soy testigo del grito anaranjado de los amaneceres
y veo cómo los cuerpos se convierten en sombras
en medio de la luz.

No se puede desmentir todo,
aún lo que olvidamos existe
y siempre resurge en el silencio
para engullirnos con su rostro invisible.

Escándalo interior

Come del fruto que aprisiona el deseo
y siéntate a callar la inocencia.

La hoja de parra que nos cubre
es la pupila que se desprende de la víctima.

Aquí sí hay Evas reales
con la baba colgándoles del sexo,
escondiendo el pudor
en la transparencia que cubren con la lengua.

No hay retorno al Edén,
ese bosque se incendió con las ausencias.
Sólo nos queda regresar
al origen que tejió la impureza.

Enlodarse la cara,
para descubrir el rostro verdadero.

No existe engaño en el grito de la carne,
hace mucho que aprendimos a frotarnos las ganas.

Miami, 2017

www.ingramcontent.com/pod-product-compliance
Lightning Source LLC
Chambersburg PA
CBHW031125210626
46816CB00016B/2437